AF578371

LE RENDEZ-VOUS DU MARI,

OU

LE MARI A LA MODE,

COMÉDIE

EN UN ACTE ET EN VERS,

PAR M. DE MURVILLE.

Représentée, pour la première fois, sur le Théâtre des Thuilleries, par les Comediens FRANÇAIS *ordinaires du Roi, le* 1er *Decembre* 1781.

Prix, 1 *liv.* 4 *sols.*

A PARIS,
Chez la Veuve DUCHESNE, Libraire, rue Saint-Jacques, au Temple du Goût.

M. DCC. LXXXII.

Le sujet de cette Comédie est tiré d'un joli Conte de M. de Champfort, intitulé : *le rendez-vous inutile*, & inséré dans un des premiers Volumes de la Collection des Almanachs des Muses.

PERSONNAGES.	ACTEURS.
LE COMTE,	*M. Molé.*
LA COMTESSE,	*Mlle Doligny.*
CIDALISE,	*Mlle Olivier.*
ARAMINTE,	*Mme Préville.*
LE COMMANDEUR,	*M. Dugazon.*
LE PRÉSIDENT,	*M. Bouret.*
TRASIMON,	*M. Florence.*
MELCOUR,	*M. Fleuri.*
M. PENSIF, *Poëte.*	*M. Courville.*
LA FLEUR, *Valet de Rosalie, Maitresse du Comte,*	*M. Dazincourt.*
UN MAITRE D'HOTEL,	*M. Broquin.*
UN LAQUAIS,	*M. Marchand.*

La Scène est à Paris dans la Maison du Comte.

LE RENDEZ-VOUS DU MARI,

COMÉDIE.

Le Théâtre repréſente un Sallon garni de meubles, & très-paré: au fond ſont trois portes ouvertes qui laiſſent appercevoir un autre Sallon, orné pour un Bal.

SCENE PREMIERE.

LE COMTE, LA COMTESSE.

LE COMTE.

POURQUOI ſoupirez-vous? d'où vient votre triſteſſe?
Vous détournez les yeux: vous m'alarmez, Comteſſe;
Il ne doit point régner de réſerve entre nous:
Qui peut donc aujourd'hui vous affliger?

LA COMTESSE.

Qui? vous.

LE COMTE.

Je vous afflige, moi ! depuis que l'himenée
Pour jamais à la vôtre unit ma destinée,
(Et notre himen déja peut dater de deux ans)
Je crois que mes égards, que mes soins complaisans
Sur moi de vos attraits ont prouvé la puissance.
Non, mon amour pour vous, si vif dans sa naissance,
Par la possession ne s'est point refroidi ;
Mais la raison l'éclaire, & si quelque étourdi
Aux Bals, aux Boulevards, ou bien dans votre Loge,
Vous berce, moi présent, de votre propre éloge,
Vous ne me voyez point, l'œil ardent de courroux,
Prendre à ces vains discours le maintien d'un jaloux :
Je sçais qu'à tant d'esprit, de talens & de charmes,
Tous les cœurs délicats doivent rendre les armes ;
Et dut-on me blâmer, je voudrais qu'en tous lieux
Chacun pour vous, Madame, eut mon cœur & mes yeux.

LA COMTESSE.

J'aimerais mieux vous voir un peu de jalousie.

LE COMTE.

Vous voudriez qu'atteint de cette frénésie....

LA COMTESSE.

Oui, sans doute, & mon sort en seroit plus heureux :
Lorsque l'on est jaloux, n'est-on pas amoureux ?
Mais vous ne m'aimez plus, je le sais bien.

LE COMTE.

Folie.

Avez-vous moins d'attraits ? êtes-vous moins jolie ?
A-t-on de votre teint vu pâlir l'incarnat ?
Vos yeux vifs & brillans n'ont-ils plus leur éclat ?
Eh ! pourquoi voulez-vous, qu'au doux plaisir rébelle,
Je sois moins amoureux, quand vous êtes plus belle ?

LA COMTESSE.

Vous ne me voyez plus des mêmes yeux :

LE COMTE.

Erreur :

Ne conservez-vous pas tous vos droits sur mon cœur ?

LA COMTESSE.

Je n'en ai plus.

LE COMTE.

Vraiment, ce reproche m'accable :

Et plus vous m'accusez, moins je me crois coupable.
Autant que je le puis, je préviens vos desirs ;
Je sais que la raison préside à vos plaisirs ;
Que, sensible aux beaux Arts, votre esprit idolâtre
La Musique, les Vers, & les jeux du Théâtre ;
Vous avez un Concert, dont on vante le goût,
D'excellens Amateurs, & des loges par-tout.

LA COMTESSE.

Je sens pour le Concert mon ardeur rallentie,
On ne vous y voit plus faire votre partie.

LE COMTE.

Votre loge aux Français ?

LA COMTESSE.

Qu'irais-je y faire ? hélas !

Vous savez bien, Monsieur, que vous n'y venez pas.

LE COMTE.

Le soir la Compagnie est chez vous très-nombreuse.

LA COMTESSE.

Eh ! pour être moins seule, est-on moins malheureuse ?

LE COMTE.

Vos Bals sont recherchés : vos soupés délicats :
De votre Cuisinier je sais que l'on fait cas :
Je trouve un Cuisinier un meuble fort utile.

LA COMTESSE.

Vous ne dinez jamais & vous ſoupez en ville.

LE COMTE.

Rarement, ce me ſemble : il doit m'être permis
De donner quelquefois une heure à mes amis ;
Faut-il que, pour prouver que je vous ſuis fidèle,
Sans ceſſe à vos côtés je faſſe ſentinelle ?
Et que je ſois ſemblable à ces triſtes Époux,
Qui ſans être inquiets, ſoupçonneux, ou jaloux,
D'obſéder leurs moitiés ſe font preſqu'une fête ;
Bien conjugalement bâillent en tête-à-tête ;
De leurs froids entretiens ne tirent d'autre fruit
Que de dormir le jour, preſque autant que la nuit ;
Et ſavent bien payer, mais ſans qu'ils le ſoupçonnent,
L'ennui qu'ils ont reçu par tout l'ennui qu'ils donnent ?
J'aime mieux (mon bonheur en ſera moins commun)
Être abſent deſiré, que préſent importun ;
Dans vos yeux (quand je ſors), lire votre tendreſſe ;
Le ſoir à mon retour jouir de votre ivreſſe ;
Et, mari complaiſant, donner à vos loiſirs
Toute la liberté qui double les plaiſirs.

LA COMTESSE.

Mais que faites-vous donc toujours chez Roſalie ?

LE COMTE.

Elle doit dans ſix jours jouer la Comédie :
Vous ſavez que ſouvent ce qui manque aux Acteurs,
(J'oſerais preſque dire à Meſſieurs les Auteurs)
C'eſt bien moins le talent, que ce ton, cet uſage
Dont pour la Scène on doit faire l'apprentiſſage :
Je prétends la former, voilà mon ſeul deſſein.
Tout Paris pleure encore au tombeau de Gauſſin,

Et je voudrais la voir revivre en Rosalie.
Pour donner à son jeu plus d'effet, de saillie,
Je la forme au bon goût du monde & de la Cour,
De ceux qui, sans saisir tous les travers du jour,
Ont l'aisance des mœurs à la Noblesse unie,
Qui ne se disent point la bonne compagnie *,
Mais qui la sont. Je vois que je suis soupçonné;
(*avec tendresse*)
Mais votre cœur encor ne m'a point condamné:
(*après un moment de repos*)
Vous même à la former contribûrez peut-être.

LA COMTESSE.

Moi, Monsieur ? je ne veux la voir, ni la connaître.

LE COMTE.

Calmez votre courroux : comme je m'apperçois
Qu'elle a, quand elle parle, un peu de votre voix,
Je voudrais par mes soins la rendre aussi touchante.
Vous savez que la vôtre & m'émeut & m'enchante
Qu'elle parle à mon cœur; que ses sons ravissans,
En charmant mon oreille, enivrent tous mes sens;
(*avec galanterie*)
Vous me pardonnerez, de vouloir au théâtre
Les reproduire encor ces sons que j'idolâtre ?

LA COMTESSE.

Vous flattez pour tromper.

LE COMTE.

Vous êtes une enfant :
Ne vous affligez plus, mon cœur vous le défend.
Puisque vous le voulez, nous souperons ensemble.

---

* Ce vers, & la moitié du suivant, sont de M. de Voltaire, & se trouvent dans une Piece intitulée : *Les trois Empereurs en Sorbonne*; mais comme l'Auteur les avoit ainsi composés sans réminiscence, & que la Comédie les a préférés à ceux qu'il avoit depuis substitués à leur place, il a cru devoir les rétablir à l'impression pour qu'elle soit conforme à la représentation.

Votre Cercle bientôt en ce lieu se rassemble,
Vous donnez Bal ce soir, j'inviterai Melcour:
Je veux qu'assidûment il vous fasse sa cour;
J'ai cru m'appercevoir que Melcour vous amuse.

LA COMTESSE.

Sans doute, il est si fat.

LE COMTE.

Il l'est, mais je l'excuse.

LA COMTESSE.

Vous l'excusez?

LE COMTE.

Je vois dans nos Cercles oiseux
Tant d'hommes, sans défauts, qui ne sont qu'ennuyeux,
Que j'aime mieux un fat, dont la gaité circule,
Et qui sait être ensemble aimable & ridicule.

LA COMTESSE.

Êtes-vous sûr de lui?

LE COMTE.

Ce doute est singulier;
Je crois qu'avec Melcour vous pouvez vous lier:
Je l'ai vu contre moi jouer sur sa parole,
Et, quoiqu'en général il soit léger, frivole,
Le lendemain toujours j'ai reçu mon argent;
Il est franc du collier, doux, facile, indulgent,
Je n'ai jamais d'un homme exigé davantage.
Araminte viendra?

LA COMTESSE.

Je ne sais: son veuvage
La rend triste.

LE COMTE.

Elle a pris pourtant le petit deuil,
Et des grandes douleurs cet habit est l'écueil;

Vous pouvez l'inviter d'un mot.

LA COMTESSE.

Je vais l'écrire.

LE COMTE.

Songez que je n'ai point d'ordres à vous prefcrire :
Que, malgré fes attraits, vous feule me charmez,
Et que je n'aimerai que ceux que vous aimez.

LA COMTESSE, *tendrement.*

Aimez donc Araminte.

LE COMTE.

(*à part*)

Oui, pour vous. Sur mon âme
Je le donne au plus fin à mieux tromper fa femme.

(*La Comteffe fort en même tems que Melcour entre par une autre porte ; & tous deux fe regardent & fe faluent fans fe parler.*)

SCENE II.

LE COMTE, MELCOUR.

LE COMTE.

AH ! Melcour, te voilà ? tiens, la Comteffe & moi
Nous difions dans l'inftant beaucoup de mal de toi.

MELCOUR, *avec légéreté.*

On peut même en penfer.

LE COMTE.

Mais tu deviens bien rare....

MELCOUR, *avec aifance & rapidité.*

Des occupations l'enchaînement bifarre,
Le jeu, les rendez-vous que l'on ne peut prévoir
M'ont privé huit grands jours du plaifir de te voir.

Pouvais-je deviner mardi que Célimène
Serait pour un Amant brouillée avec Dormène,
Et que dès le matin, pour les raccommoder,
L'une & l'autre à la fois me feraient demander?
Mercredi qu'un Jockei viendrait, malgré la guerre,
Me vendre pour la course un cheval d'Angleterre?
Et Lundi qu'aux Français, craignant quelques revers,
Un Auteur me prirait de protéger ses vers?

LE COMTE.

Celimène, indulgente & par toi suppliée,
Sans doute avec Dormène est reconciliée?

MELCOUR.

J'ai voulu pour cela me mettre en quatre; mais
Elles se haïront, je crois, plus que jamais;
C'est une gloire enfin qu'elles m'ont derobée.

LE COMTE.

Le cheval?

MELCOUR.

Est poussif.

LE COMTE.

Et la Pièce?

MELCOUR.

Est tombée.

LE COMTE, *riant.*

Voilà ce qui s'appelle avoir de grands succès.

MELCOUR, *avec malignité.*

Et Rosalie?

LE COMTE.

Eh bien!

MELCOUR, *d'un air railleur.*

T'adore.

LE COMTE.

Avec excès.

SCENE III.

LE COMTE, MELCOUR, LA FLEUR.

LA FLEUR, *au Comte.*

MONSIEUR.

LE COMTE.

C'eſt toi, la Fleur ?

LA FLEUR, *donnant un billet au Comte.*

Il eſt de Roſalie.

MELCOUR.

Ne ſuis-je pas de trop ?

LE COMTE, *à Melcour.*

(*A la Fleur.*)

Jamais. Qu'elle eſt jolie,
Ta Maitreſſe !

LA FLEUR.

Monſieur, je le crois comme vous :
Ses yeux ſont à la fois & ſi fiers.... & ſi doux,
Sa démarche eſt ſi.... noble, & ſa taille eſt ſi.... fine,
Elle orne avec tant d'art ſa fripponne de mine,
Parle avec tant d'eſprit, qu'en vérité, la Fleur,
S'il n'était ſon valet, ſerait ſon ſerviteur.

MELCOUR.

La Fleur eſt très-galant.

LE COMTE, *à la Fleur.*

Mais reçoit-elle encore
Ces épais Financiers ?...

LA FLEUR, *au Comte.*

Que ma Maitreſſe abhorre,

Nous ne les voyons plus; personne, en vérité,
N'égale Rosalie en générosité :

(*Avec effronterie.*)

Nous avons renvoyé, sans rançon....

LE COMTE, *lui montrant sa bourse.*

Sois sincère.

LA FLEUR.

Lisimon à Doris, & Mondor à Glicère ;
Et nous avons juré par l'amour & par nous,
De ne voir désormais, & de n'aimer que vous.

. MELCOUR, *au Comte.*

Le serment d'une belle est trompeur....

LE COMTE, *donnant de l'argent à la Fleur.*

Vas m'attendre,
Je ferai la réponse, & tu viendras la prendre.

LA FLEUR.

Soit : je vais à l'office. (*Il s'en va.*)

SCENE IV.

LE COMTE, MELCOUR.

Le Comte lit tout bas le billet.

MELCOUR, *l'interrompant.*

A-T-ELLE de l'esprit ?

LE COMTE.

Mais tu peux en juger, je crois, par cet écrit :
Lis son billet.

MELCOUR *lit.*

Vous méritez que je vous boude, Monsieur. Je ne vous ai pas vu depuis ce matin. Je n'ai pas reçu l'écrin que vous m'aviez promis. Ce n'est pas que je sois intéressée : je n'aime pas à demander, mais je me plais à remercier. Venez ce soir : venez tomber à mes pieds ; & vous serez peut-être assez heureux, pour obtenir votre pardon de ROSALIE.

(*Lui rendant le billet.*)

Crois-tu que, sans te compromettre,
Tu puisses, quelque tems, me prêter cette lettre ?

LE COMTE.

Et pourquoi ?

MELCOUR.

Jusqu'ici nous avons plaisanté,
(*Avec un air de confidence.*)
Je te dois un aveu : j'adore une beauté
Qui ne s'émeut de rien dans sa froide indolence,
Et malgré mes transports, goûte avec nonchalance
La gloire & la douceur d'inspirer des desirs.
Trop de tranquillité nuit toujours aux plaisirs.
C'est l'écueil où l'amour tôt ou tard fait naufrage.
S'il veut des jours de calme, il veut des jours d'orage ;
(*Du ton le plus fat.*)
Et je préférerais, je le dis franchement,
Des rigueurs à l'ennui d'être aimé gauchement.
Cette lettre chez elle avec art égarée,
Dans son cœur aux soupçons pourrait ouvrir l'entrée :
Même après l'avoir lue, elle doit présumer
Que de quelque autre objet j'ai su me faire aimer.
J'animerai par là ma beauté nonchalante.

LE COMTE.

Oui, lorsqu'on est jalouse, on n'est plus indolente,
Il faut en convenir, le piége est bien dressé ;
Mais je crois qu'un billet à toi même adressé

Rendrait la réussite & plus prompte, & plus sûre.

(*D'un ton un peu ironique.*)

Il est presque impossible avec cette tournure,
Qu'aucune des Beautés, dont je te crois vainqueur,
Ne t'ait jamais écrit le secret de son cœur.

MELCOUR, *du ton le plus fat.*

Vraiment, je puis tirer de certain Portefeuille
Deux cent de ces billets qu'avec soin je recueille;

(*d'un ton sérieux.*)

Ce n'est pas l'embarras: mais comment rassurer
Un cœur qu'à ces soupçons je viendrais de livrer?
Qui me justifirait, étant vraiment coupable?
Ce serait une histoire, & non pas une fable:
Ce billet dont, sans doute, on serait offensé,
Je veux pouvoir nier qu'il me soit adressé;
Le prouver, s'il le faut; dans un doux tête-à-tête
Ramener tour-à-tour le calme, la tempête,
Le dépit, la tendresse; & dans un seul moment
Passer de la rupture au raccommodement.

LE COMTE.

Eh bien, soit: au surplus, ma mémoire est fidelle;
Je crois que pour répondre il me suffira d'elle.

(*Il le lui donne.*)

Sers-toi de ce billet; mais il faut me jurer
Qu'à nul autre, Melcour, tu n'iras le montrer.
Je vais voir Cidalise, & reviens. (*Il s'en va.*)

MELCOUR.

Sois tranquille;
J'en ai reçu peut-être & montré plus de mille.

SCENE V.

MELCOUR, *seul.*

Vous avez donc enfin donné dans le panneau,
Monsieur le Comte ? Eh mais ! le tour serait nouveau :
Quoi donc ! De son côté, Monsieur serait volage,
Et voudrait, moi vivant, que Madame fut sage ?
Ah ! parbleu, nous verrons : ce soir, sous son couvert
Plaçons adroitement ce billet entr'ouvert.
Je puis, ne soupant pas, rester dans cette salle.
Pour lire en liberté cette lettre fatale,
Madame, après soupé, prétextant quelque soin,
Pourra se rendre ici, se croyant sans témoin.
Elle révèlera les secrets de son âme.
Elle est sage, il est vrai ; mais pourtant elle est femme :
L'amour de la vengeance introduit dans son cœur
Peut fort bien la conduire à l'amour du vengeur.
Après tout, si Madame orgueilleuse & rébelle
Échappe à mes filets ; ma foi, tant pis... pour elle.
Elle vient : s'il se peut, cachons-lui mon amour.

SCENE VI.

MELCOUR, LA COMTESSE.

MELCOUR.

Madame, un plus beau soir va suivre un si beau jour.
Le Comte, à ce qu'on dit, vous prépare une fête.

LA COMTESSE.

C'eft moi qui la lui donne, & déjà tout s'apprête.

MELCOUR.

Ah! malgré les plaifirs que nous allons goûter,
Du chagrin le plus noir je me fens tourmenter.

LA COMTESSE.

Melcour, y penfez-vous? de la mélancolie?
Elle vous fera tort, bien plus que la folie.

MELCOUR.

Oui: les fêtes, les bals font place à d'autres foins.
Je ne m'appartiens plus, & je vous verrai moins.

LA COMTESSE.

Pourquoi donc?

MELCOUR.

Dans trois ans, Madame, on me marie.
Ah! combien de l'hymen le joug me contrarie!
Malthe en vain m'appellait, je fuivrai d'autres lois;
Malgré le Commandeur, je vais quitter la Croix.

LA COMTESSE.

Si vous ne faites plus la guerre aux Infidèles,
Ne le devenez pas du moins: parmi les Belles,
Que Paris, chaque jour, préfente à vos regards,
Votre Époufe, fur-tout, a droit à vos égards:
Ne lui refufez pas votre amour, votre eftime;
Ah! fongez qu'un lien fi doux, fi légitime,
Doit rompre tous ces nœuds formés imprudemment
Par des plaifirs d'un jour & des goûts d'un moment.
Croyez, Melcour, qu'il eft des Époufes trahies,
Importunes toujours, & très-fouvent haïes,
Qui d'une gaîté fauffe ont foin de fe parer,
Et le rire à la bouche, ont befoin de pleurer.

Plus

Plus d'une fois mes yeux.... ont vu couler leurs larmes.
Ciel! j'allais me trahir.

MELCOUR.

Vous avez trop de charmes,
Et vous connaissez trop le cœur où vous régnez,
Pour les avoir sentis, ces maux que vous plaignez.
Pourquoi vous occuper de cette image affreuse?
Croire aux infortunés, quand vous êtes heureuse.

LA COMTESSE, *embarrassée.*

Heureuse! je le suis....

MELCOUR, *malignement.*

Ah! Madame....

LA COMTESSE, *tristement.*

Et je voi....?
Que votre Épouse, hélas!.... le sera comme moi.

MELCOUR, *observant la Comtesse.*

Eh quoi! dans la douleur toujours ensevelie?...

LA COMTESSE, *d'un air embarrassé.*

Il est vrai que mon âme, un moment recueillie,
Pourrait....

MELCOUR.

Expliquez-vous.

LA COMTESSE.

S'occuper assez-mal
Des apprêts d'un soupé, d'une fête & d'un bal:
Vous pouvez m'être utile & me rendre service:
Ordonnez le concert & le feu d'artifice:
Voyez si le sallon de bon goût est paré:
La fête est pour le Comte, il vous en saura gré.

MELCOUR.

J'y cours : j'ai le goût sûr & la tête fertile ;
A Messieurs les Maris je brûle d'être utile.
(Il salue la Comtesse & sort.)

SCENE VII.

LA COMTESSE, *seule.*

(Voyant entrer Araminte.)

Tout m'attriste : Araminte, ah ! venez : que du moins
Je sente mes malheurs adoucis par vos soins.
Le Comte....

SCENE VIII.

LA COMTESSE, ARAMINTE.

ARAMINTE.

A quels chagrins votre cœur s'abandonne !
Mais c'est peut-être à tort aussi qu'il le soupçonne.

LA COMTESSE.

Plût au Ciel que l'ingrat ne fût que soupçonné :
A d'éternels chagrins si mon cœur condamné
L'accuse devant vous, ma plainte est légitime ;
Lui-même m'a donné les preuves de son crime,
Lui-même : mon époux, (c'était mardi passé)
Soupait ; ou fit semblant de souper chez Volcé,

Lucinde, Arſinoë, Clarice, Mélanie,
Voulurent tout le ſoir me tenir compagnie.
Par un preſſentiment j'étais triſte ; & Dorval
Leur dit, pour m'égayer, de me mener au Bal.
On ne fait pas toujours ce qu'on veut dans la vie :
De ſortir de chez moi je n'avais nulle envie :
On m'entraîne. Bientôt (je l'avais eſpéré)
J'apperçois mon Mari, ſans maſque & très-paré.
Plus à me déguiſer il voit que je m'intrigue,
Plus à me deviner ſon eſprit ſe fatigue.
Je le ſuis, ſans vouloir lui donner de repos ;
Et toujours balotté de propos en propos,
Il me dit : je le ſçais, vous êtes Roſalie.
Ah ! j'en gémis encor.

ARAMINTE.

Bon ! c'eſt une folie
Que le Comte inventa pour rire.

LA COMTESSE.

Il fût un tems
Qu'il ne ſe donnait point de pareils paſſe-tems.
Il m'aimait : un Époux, j'en juge par moi-même,
Peut-il avec plaiſir affliger ce qu'il aime ?

ARAMINTE.

Mais, peut-être avez-vous avec trop peu d'ardeur
De ſon amour moins vif combattu la froideur ?
Auriez-vous négligé ces talens dont le charme
Rend un époux heureux, l'embrâſe ou le déſarme ;
Et, lorſque les travaux ont fait place aux loiſirs,
D'une douce magie embellit ſes plaiſirs ?
Tous les ſoirs autrefois, & ſans être priée,
Au ſon du clavecin votre voix mariée

Parlait en Souveraine au cœur de votre Époux:
Il uniſſait alors, fier d'être aimé de vous;
Et montrant dans ſes yeux une émotion tendre,
Au plaiſir de vous voir celui de vous entendre,
Il était enchanté : votre voix aujourd'hui
Fredonne à peine un air, ou ſe tait devant lui.
Je vois ce claveſſin, ſous vos doigts ſi docile,
Languir dans le ſallon comme un meuble inutile.
Pourquoi ne voulez-vous flatter que les regards?
Vous ſavez que le Comte a le goût des Beaux-Arts:
Il vous quitte pour eux.

LA COMTESSE, *les larmes aux yeux.*

Vains détours; tout l'accuſe.
Roſalie! ... Eh! pourquoi lui chercher une excuſe?
Le perfide!

ARAMINTE.

Chez vous on va ſe raſſembler:
Empêchez, s'il ſe peut, vos larmes de couler;
Contraignez-vous: ce monde inſenſible & frivole
Rit des douleurs d'autrui, mais jamais ne conſole.
Et que ſait-on? vos yeux, s'ils étaient plus ſereins,
S'ils ne paraiſſaient pas ternis par les chagrins,
Brillans d'un feu plus vif, vengeur de votre injure
Pourraient à vos genoux ramener le parjure,
S'il eſt vrai qu'il le ſoit. Servez-vous du pouvoir
Que vous donnent l'amour enſemble & le devoir,
Que l'éclat des talens vous rende encor plus belle:
Vous reprendrez vos droits; & bientôt l'infidèle
Va rougir, en jurant de toujours vous aimer,
D'avoir pu pour une autre un moment s'enflâmer.

SCENE IX.

LA COMTESSE, ARAMINTE, LE COMTE, MELCOUR.

Le COMTE *&* MELCOUR *restent un moment au fond du Théâtre. Le Comte regarde la décoration du sallon intérieur que le Public entrevoit par les trois portes du fond.*

LE COMTE, *à Melcour qu'il ramène sur la Scène.*

J'AI tout examiné ; fort bien. De l'élégance ;
Et c'est unir le goût à la magnificence.
(*A la Comtesse*) (*Il s'avance & salue Araminte.*)
Notre Melcour, Comtesse, est un peu libertin :
Lucinde l'a gâté : rendez-le sage enfin :
Monsieur, sur un billet dont il m'a fait mystère,
Se disait tout-à-l'heure invité chez Glicère.
J'ai vu qu'il n'aimait pas (& moi-même en ai ri)
Les soupés dont il sait que sera le Mari.

LA COMTESSE.

(*en montrant Melcour.*)

Vous raillez ; mais Monsieur, que peut-être j'irrite,
Permettra cependant que malgré son mérite,
Que je ne puis nier, je fasse peu de cas....

LE COMTE.

De quoi donc?

LA COMTESSE.

Des soupés dont vous ne ferez pas.

MELCOUR.

Si le Comte est chez lui comme il est chez les autres ;
Je crois qu'avec plaisir je le verrai des nôtres.
Les Maris ! ah ! Jugez si j'en fais quelque état :
Sans eux je donnerais pour rien le Célibat.

LE COMTE, *à Melcour.*

Mais soupe tu ?

MELCOUR.

Jamais : mon Docteur intraitable
M'a dit que si le soir je me mettais à table,
J'étois un homme mort. J'ose à peine dîner :
Ce n'est pas avec lui que l'on peut badiner.

ARAMINTE.

Ce régime est bien dur.

LE COMTE, *à la Comtesse.*

Nous aurons Cidalise,
Je viens de la prier : pour la prude Bélise,
Elle est dans ses vapeurs ; mais sa petite Cour,
Ses Amis de la veille, & ses Amans du jour
Viendront, son Président, ...

MELCOUR.

Et même son Poëte ?

LE COMTE.

Monsieur Pensif.

MELCOUR.

Sans doute, il lui sert d'interprête.

LE COMTE.

Et Trasimon, suivi de son cher Commandeur.

ARAMINTE.

Quoi ! la goutte n'a point ralenti son ardeur ?

LE COMTE, *bas à Melcour.*

Tu ne montreras point le billet?

MELCOUR, *bas au Comte & gaiment.*

Sur mon âme!

Je ne prétends ce soir le montrer qu'à ta femme.

UN LAQUAIS *entre & annonce:*

Cidalise.

SCENE X.

LES ACTEURS PRÉCÉDENS.

CIDALISE *entre accompagnée du* PRÉSIDENT, *du* COMMANDEUR, *de* TRASIMON *& de* M. PENSIF. *Le* COMTE *& la* COMTESSE *vont au fond du Théâtre recevoir la Compagnie.* ARAMINTE *&* MELCOUR *restent sur le devant. Il faut ici un jeu muet. La* COMTESSE *va au devant de* CIDALISE *& l'embrasse. Le* COMTE *lui baise la main & salue les hommes.*

MELCOUR, *à Araminte.*

Je crois qu'entre nos deux Époux
Un peu de brouillerie....

ARAMINTE,

Eh bien! efforcez-vous
De leur donner la paix: mettez-les bien ensemble.

MELCOUR.

Ah ! le tour ſerait bon : qui ? moi, que je reſſemble
A ces hommes de poids, vieux pacificateurs,
Qui toujours entre Époux ſe font médiateurs,
Et vont ſoir & matin, le tout par bonté d'âme,
Porter, de chez Monſieur, leur ennui chez Madame ?
Oh ! la guerre entre Époux aura beau s'allumer ;
Moi, je leur permets tout, excepté de s'aimer.

LE COMTE.

C'eſt vous, Monſieur Penſif ? Eh mais ! c'eſt un miracle
De vous voir. Traſimon, ſerviteur.

M. PENSIF.

Un obſtacle
M'a pendant quelques jours empêché de venir.
N'a-t-on pas ſon talent qu'il faut entretenir ?
Des Journaux, dont on doit éviter la cenſure ?
Tout cela met, Monſieur, l'eſprit à la torture.
Et puis mon Opéra, qu'on demande à la Cour,
Et qu'il faut aux Menus répéter chaque jour.

(*Ici la Compagnie s'aſſied.*)

MELCOUR, *appercevant le Commandeur.*

Vous voilà, Commandeur ? vous allez mieux ?

LE COMMANDEUR.

Sans doute.
J'ai d'un peu de Champagne aſſaiſonné ma goutte,
Et je m'en trouve bien.

LE PRÉSIDENT.

J'ai proviſoirement
Prononcé contre l'eau mon petit jugement :
Le procès n'a duré qu'une ſeule ſéance.

LE COMMANDEUR.

Et j'ai contre la goutte Arrêt de ſurſéance,
Je crois que je m'exprime en termes de Palais.

M. PENSIF.

On a fait contre Églé certains petits couplets.

LA COMTESSE.

Les ſavez-vous?

M. PENSIF.

Un peu.

CIDALISE.

Sont-ils de vous?

M. PENSIF.

Les Belles
Même lorſqu'à mes vœux je les trouve rébelles,
Peuvent de mes Écrits ne pas craindre les traits:
Et j'embellis ma Muſe en chantant leurs attraits.

CIDALISE.

Monſieur Penſif, toujours de la galanterie:

TRASIMON.

L'érudition même eſt chez lui très-fleurie.

LE COMTE.

Le monde orne le goût.

LA COMTESSE, *au Commandeur & à M. Penſif.*

Meſſieurs, vous parlez bas.

M. PENSIF.

Monſieur le Commandeur parle de ſes combats.

LE COMMANDEUR, *haut.*

Quand je fus près du Fort, j'ordonnai qu'on fît halte.

M. PENSIF, *l'interrompant.*

Mais, Monſieur, avez-vous des Poëtes à Malthe?

LE COMMANDEUR, *brusquement.*

Non, sans doute : à Paris ces Messieurs sont charmans ;
Mais ils ne valent rien contre les Musulmans.

M. PENSIF, *au Commandeur.*

Vous avez commandé les Galères de l'Ordre ?

LE COMMANDEUR.

Sur mes exploits de mer, bien fin qui pourrait mordre.

MELCOUR.

Sans contredit.

LE COMMANDEUR, *à M. Pensif.*

Un jour avec vingt Chevaliers,
Lestes, pleins de l'ardeur dont brûlent les guerriers,
Je vais en Caravanne : & le jeune Folmère,
Aujourd'hui Grand-Bailli, sur une autre Galère,
Qu'il venait d'équipper, nous suivit.... mais de loin ;
Pour me porter renfort, si j'en avais besoin.
Nous n'avions pas encor vogué plus de vingt lieues ;
Deux *Tartanes* (1) portant six Pachas à trois Queues,
Et cinq jeunes beautés, dignes du grand Seigneur,
Parurent *dans mes eaux* (2) : moi je crus que l'honneur
M'ordonnoit d'attaquer.

MELCOUR.

Fort bien.

LE COMMANDEUR, *toujours à M. Pensif.*

Je crie aux armes,
Je veux aux Musulmans disputer tant de charmes ;
Et j'aborde aussi-tôt. Folmère avait tout vu ;
Il force ses Rameurs : je n'avais pas prévu

---

(1) Des *Tartanes*, sont des Bâtimens dont on se sert sur la Méditerranée, & qui quelquefois sont armés en guerre.

(2) *Dans mes eaux*, terme de Marine.

Qu'il viendrait me ravir la moitié de ma gloire :
Avant qu'il me joignît j'assurai ma victoire.
Je permis cependant qu'il prît part au butin :
Et comme un des Pachas avait fait le mutin,
Je les mis sous sa garde, ainsi que les Tartanes.
(*Riant avec éclat.*)
Folmère eut les Pachas, & moi les cinq Sultanes.

M. PENSIF, *riant aussi.*

Qui fut bien attrapé ? c'est Folmère.

LE COMMANDEUR.

Jamais
Il n'a voulu depuis me le pardonner, mais
Je l'ai bravé.

SCENE XI.

LES ACTEURS PRÉCÊDENS, *un* Maître D'HOTEL.

LE Maître D'HOTEL.

MADAME, on a servi.

LE PRÉSIDENT.

Je compte
Tenir séance à table avec gloire ; & vous, Comte ?

LE COMTE.

Moi, je soupe fort peu.

(*Tout le monde, excepté* MELCOUR, *sort pour aller souper : le Commandeur donne la main à la Comtesse, le Comte à Cidalise, & Trasimon à Araminte.*)

LE PRÉSIDENT, *faisant des politesses à M. Pensif.*

Passez donc.

M. PENSIF.

Je ne puis.

LE PRÉSIDENT.

Je ne passerai pas.

M. PENSIF.

Moi, je reste où je suis.

MELCOUR.

Allons donc, Président! je crois que tu t'amuses.

LE PRÉSIDENT, *à M. Pensif.*

Thémis ne doit, Monsieur, passer qu'après les Muses.

M. PENSIF.

Vous l'ordonnez.

SCENE XII.

MELCOUR, *seul.*

VOICI le moment décisif.
Le tour que je leur joue est peut-être un peu vif;
Mais aux piéges d'hymen si je me laisse prendre,
A des tours aussi gais ne dois-je pas m'attendre?
Je suis comme un Joueur prévoyant, entendu,
Qui prendrait sa revanche, avant d'avoir perdu.
Ce qu'on doit me prêter, moi, je le rends d'avance.

SCENE XIII.

MELCOUR, LA FLEUR.

LA FLEUR.

(Marchant sur la pointe du pied, entre par un des côtés du Théâtre.)

La réponse a tardé bien long-tems.

MELCOUR.

(A part.)
Qui s'avance?
(Haut.)
Ah! c'est vous, Mons la Fleur; que voulez-vous?

LA FLEUR.

Pardon:
Je ne vous croyais pas, Monsieur, dans ce sallon.
Vous avez entendu le Comte me promettre
Qu'il ferait tôt ou tard réponse à cette lettre....

MELCOUR.

La lettre de tantot?

LA FLEUR.

Oui.

MELCOUR.

Je te la ferai,
Si tu veux; en son nom, mon cher, je répondrai:
Du rang de Confident au rang de Sécrétaire,
L'intervalle n'est rien.

LA FLEUR.

Non: mais l'un doit se taire,
Si l'autre peut écrire.

MELCOUR.

Il n'est pas sot.

LA FLEUR, *se rengorgeant.*

Monsieur....

MELCOUR.

Enfin, dans ce sallon que cherchais-tu, la Fleur?

LA FLEUR.

Las d'attendre,....

MELCOUR, *riant.*

Et de boire.

LA FLEUR.

Aux Laquais de Madame
J'ai voulu dire un mot, & parler de ma flâme
A Lisette: jamais je n'ai vu tant d'orgueil;
A peine daignoient-ils m'honorer d'un coup-d'œil.
Oh! c'était un dédain. En un mot, j'appréhende
Qu'on ne m'ait cru, Monsieur, Laquais de contrebande.

MELCOUR.

Laquais de contrebande! Et qu'entends-tu par là?

LA FLEUR.

Monsieur fait..... un Grison.... un...

MELCOUR.

N'est-ce que cela!
Tu ne dois pas te plaindre, on te rendait justice.

LA FLEUR.

Mais les gens que le Comte admet à son service,

(*riant*)

Pasquin, Dumont, Merlin, que je crois du métier,
M'ont d'abord accueilli d'un air plus familier:
Nous avons dit du mal, afin de nous connaître,
Moi, peu de ma Maîtresse; eux, beaucoup de leur Maître.
Je me suis apperçu que le tems se passait:

Autant qu'il me souvient, la réponse pressait;
J'ai cru qu'elle était faite, & je venais la prendre.

MELCOUR.

Mais on soupe.

LA FLEUR.

En ce lieu ne puis-je pas l'attendre?

MELCOUR.

Tu l'attendrais long-tems. Laisse-moi rêver; sors.

LA FLEUR, *en s'en allant.*

Je ne rêve jamais, Monsieur, que quand je dors.

SCENE XIV.

MELCOUR, *seul.*

ME voilà seul, enfin: je ne sais, il me semble,
(*On entend du bruit.*)
Qu'on est long-tems à table. Ils parlent tous ensemble.
Pensif dit un bon mot, & son Prôneur zèlé,
Trasimon applaudit, avant qu'il ait parlé.
Mais je crois distinguer la voix de la Comtesse.
Elle rit; elle chante: Ah! malgré sa tristesse
Elle veut plaire au Comte; elle fait tout pour lui.
(*Après un moment de réflèxion.*)
S'il lui rendait son cœur?... On ne voit aujourd'hui
Que de ces froids Époux, bien blâsés sur leurs femmes
Qui, lorsque par hasard les attraits de ces Dames
Sur un de leurs amis ont fait impression,
En sont presque amoureux par émulation.

Maîs j'entends quelque bruit : écoutons : oui, c'eſt elle.

Ici Melcour ſe cache, de manière que la Comteſſe qui entre un billet à la main & en rêvant, ne peut pas le voir : pendant ce tems-là, Melcour étudie tous les mouvemens de la Comteſſe.

SCENE XV.

MELCOUR, LA COMTESSE.

LA COMTESSE, *le billet à la main, ſe croyant ſeule.*
(*Après avoir lu.*)

LISONS.... Ciel!.. je croyais mon Époux infidèle ;
Mais je pouvais encor douter de mon malheur.
Je ne ſais quel eſpoir conſolait ma douleur.
Ce billet trop fatal vientrouvrir ma bleſſure ;
Et de mon infortune, enfin, me voilà sûre :
Je connais tous mes maux.

MELCOUR, *ſe levant ſur ſon fauteuil, & s'avançant vers elle.*
Pourquoi vous affliger ?

LA COMTESSE, *avec un cri d'effroi, & remettant le billet dans ſon ſein.*

Vous m'écoutiez !

MELCOUR.

Sans doute ; & je veux vous venger.
Ce billet qu'à mes yeux vous tâchez de ſouſtraire,
Je ſais ce qu'il contient : & c'eſt lui qui m'éclaire
Sur ces larmes qu'en vain vous voulez me cacher.
(*D'un ton affectueux & étudié.*)
Eſt-il vrai que vos pleurs ne peuvent le toucher ?

LA COMTESSE.

LA COMTESSE.

Le toucher ? ... Qui ? ... Monſieur...

MELCOUR.

Vous m'entendez... le Comte.

LA COMTESSE, *à part.*

Aurait-il découvert & ſon crime & ma honte ?
(*Haut avec rapidité.*)
Vous vous trompez, Monſieur; il me garde ſa foi :
Je ſuis sûre de lui.... comme il eſt sûr de moi.

MELCOUR, *l'obſervant.*

Ah ! combien nous devons craindre la calomnie !
Ne m'avait-on pas dit ce ſoir que Roſalie
Venait d'écrire au Comte un petit billet doux,
Et qu'elle l'honorait même d'un Rendez-vous ?

LA COMTESSE.

(*Voyant que Melcour l'obſerve.*)
Un Rendez-vous ; ah ! Dieux ! le traitre.... Il m'eſt fidèle.

MELCOUR, *malignement.*

Lequel de ces deux noms Madame adopte-t-elle ?..
(*Après un moment de repos.*)
Quand il eſt offenſé, l'amour-propre eſt diſcret.
Et ne veut qu'à lui-ſeul confier ſon ſecret ;
Mais bientot il échappe.

LA COMTESSE, *en pleurs.*

Ah ! je me ſuis trahie.

MELCOUR.

Raſſurez-vous : faut-il pour une perfidie
Pouſſer tant de ſoupirs & verſer tant de pleurs ?
Faut-il vous impoſer d'éternelles douleurs ?

Condamner tant d'appas, de grâce & de jeuneſſe,
A des ſiècles d'ennui, de regret, de triſteſſe?
Gémirez-vous toujours, Madame? Et dans Paris
Pour les Belles enfin n'eſt-il.... que des Maris?

LA COMTESSE, *avec une colère froide.*

Ecoutez-moi, Melcour; je crois qu'il eſt poſſible
Qu'aux maux dont je me plains votre cœur ſoit ſenſible:
Mais je dois m'étonner que même en ces momens
Vous vous abandonniez à d'autres ſentimens.
Songez qu'à cet aveu je n'ai pas dû m'attendre.
Juſqu'au courroux, peut-être, un autre eût pu deſcendre;
Une autre encor moins ſage irait étourdîment
Intriguer un Mari des propos d'un Amant:
Ces indiſcrétions que vous avez prévues,
Produiraient trop d'éclat, & rempliraient vos vues.
Si tant de renommée a pour vous tant d'attraits,
(*Avec ironie.*)
Je veux, pour vous punir, vous garder le ſecret.

MELCOUR, *à part.*

Je m'étais arrangé ſur un peu de colère.
(*Haut.*)
Je vois que ce n'eſt pas le moment de vous plaire;
L'amour-propre piqué le rend trop douloureux:
J'en ſaiſirai peut-être un autre plus heureux;
(*A part, & du ton le plus fat.*)
Je reviendrai.

(*Il ſort.*)

SCENE XVI.

LA COMTESSE, *seule.*

(*Après un moment de réflexion.*)

Le fat! D'un Epoux oubliée,
Faut-il par des affronts me voir humiliée?
M'abreuver de ma honte; & dans mon désespoir
Lui prodiguer des pleurs qui n'ont plus de pouvoir?
Que dis-je? Ce billet qu'on écrit au barbare,
Causa tous mes malheurs; il faut qu'il les répare.
(*Appercevant le Comte.*)
Le voilà cet ingrat. Ciel! peut-on feindre mieux?
La haine est dans son cœur, & l'amour dans ses yeux.

SCENE XVII.

LA COMTESSE, LE COMTE.

LE COMTE, *entrant.*

(*A part d'un ton pénétré.*) (*Haut avec galanterie.*)
Quoi! j'ai pu négliger tant d'attraits?... Ah! Madame,
Malgré tout mon amour, il faut que je vous blâme.
Quoi! de la table au Bal vous nous voyez courir,
Vous en êtes la Reine, & vous devez l'ouvrir,
Et c'est dans ce Sallon qu'il faut que je vous trouve!
Que voulez-vous qu'on puisse augurer?

LA COMTESSE, *avec une distraction affectée.*

Cela prouve
Que seule en ce Sallon je rêvais.

LE COMTE.

Vous avez
Des talens, que le goût a trop bien cultivés,
Une taille trop svelte enfin, pour que la danse
N'en développe point la grace & l'élégance.

LA COMTESSE.

Je me repose.

LE COMTE.

Il faut mériter ce repos.
Donnez-moi votre main, venez.... mais à propos,
Vous avez à soupé tourné toutes les têtes,
J'aurais même grossi vos nouvelles conquêtes,
Si l'hymen de l'Amour autorisant les droits,
Ne m'avait pas rangé d'avance sous vos lois.
Je sais bien que l'on cite, & même que l'on blâme
Un Mari qui se fait le prôneur de sa Femme :
Mais j'ai de vieilles mœurs; plus Gaulois que Français,
Moi j'ai cru réussir, en voyant vos succès.
Combien de votre voix le charme inexprimable
Vous rendait plus jolie, ensemble & plus aimable!
Tout mon cœur enyvré.... Madame, permettez
Sur votre belle main....

LA COMTESSE, *avec humeur.*

Non, Monsieur, arrêtez :
Si quelqu'un vous voyait, que dirait-il ?...

LE COMTE.

Madame
Il dirait.... que je suis.... amoureux.... de ma femme.

LA COMTESSE.

(*A part.*) (*Haut.*)
Le traître ! Et les brocards de tous nos merveilleux ?

LE COMTE.

Mais.... je puis vous aimer.... je crois.... auſſi bien qu'eux.

LA COMTESSE.

Auſſi-bien qu'eux ! vraiment, la réponſe eſt biſarre !
(*Haut.*)
L'ingrat, de me tromper ſe fait un jeu barbare !

LE COMTE, *avec plus de tendreſſe.*

Je me ſuis dans le monde un peu trop répandu :
Je veux auprès de vous être plus aſſidu,
M'enyvrer du plaiſir qu'on goûte à vous entendre ;
Oui, je veux déſormais, plus empreſſé, plus tendre....

LA COMTESSE, *d'un ton malin.*

Vous ne me parlez plus de retourner au Bal ?

LE COMTE.

Mais à cauſer ici.... je ne vois.... point de mal.
On danſe, en ce Sallon qui viendrait nous diſtraire ?
(*Ici la Comteſſe tire la Lettre de ſon ſein, & la laiſſe appercevoir au Comte.*)
Quel eſt donc ce billet ?... Ah ! j'en ſais le myſtère.
C'eſt quelque fou, je gage, épris de vos attraits,
Qui veut vous informer de ſes feux indiſcrets.

LA COMTESSE.

Eh bien ! ſi c'eſt ainſi, Monſieur, liſez ſa Lettre.

LE COMTE.

A-t-il ſigné ſon nom ?

LA COMTESSE.

Oui.

LE COMTE.

C'eſt le compromettre ;

Envain vous m'en priez, je ne la lirai pas.
Avant que le hasard m'eût montré vos appas,
Ne vous connoissant point, j'ai pu pour quelque Belle
Sentir mon cœur brûler, sans vous être infidèle;
D'un objet, quel qu'il soit, lorsque l'on est charmé,
Le premier vœu qu'on forme est de s'en voir aimé:
De mes Billets par fois j'importunais les Femmes;
Aurais-je été ravi, dites-moi, que ces Dames
De mes pauvres billets, tout au plus imprudens,
Eussent fait tour-à-tour leurs Maris confidens?
Moi, de cet étourdi j'excuse la folie:
Il n'aura pu vous voir sans vous trouver jolie;
Comment ne pas l'écrire, après l'avoir pensé?
De lire son billet que je sois dispensé:
N'avez-vous pas d'ailleurs ma confiance entière?

LA COMTESSE, *avec malignité.*

Comte, n'auriez-vous pas par hasard quelque affaire?

LE COMTE.

Ah! ma plus importante est de vous assurer
Que votre Époux ne vit que pour vous adorer:
Je suis libre ce soir, Madame, je vous jure.

LA COMTESSE.

Comte, ne jurez pas de peur d'être parjure.
N'avez-vous pas reçu ce soir un rendez-vous?

LE COMTE, *un peu étonné & se remettant tout de suite.*

J'y crois toujours aller quand je viens près de vous.

LA COMTESSE.

Celui qui vous attend sans doute a plus de charmes.
(*D'un ton piqué.*)
Un moment de retard cause bien des alarmes.
(*Lui donnant le Billet avec une froideur affectée.*)
Lisez, volez.

LR COMTE *bas, après avoir vu le Billet.*

Que vois-je ? Ah ! Melcour me trahit.

(*Haut à la Comtesse.*)

Melcour tient sa parole ; il me l'avait bien dit :
Ah ! ah ! vous êtes donc cette belle indolente
Qu'un mouvement jaloux lui rendrait plus piquante ?
Melcour est inventif.

LA COMTESSE.

Que dites-vous ? comment ?

LE COMTE.

Que je mériterais votre ressentiment,
Si d'infidélité j'étais vraiment coupable.

LA COMTESSE.

De me tromper encor, quoi ! vous êtes capable ?

LE COMTE.

D'être sincère en tout je me fais une loi.

LA COMTESSE.

Et ce billet, Monsieur, on l'écrivit....

LE COMTE.

A moi.

Mais quand il serait vrai, ce qui peut ne pas être,
Qu'il trahit un amour....

LA COMTESSE, *d'un ton douloureux.*

Que vous avez fait naître,

LE COMTE.

(*Tendrement.*)

Puis-je, quand vous m'aimez empêcher (entre nous)
Que quelqu'autre ait pour moi les mêmes yeux que vous ?

LA COMTESSE.

Ce rendez-vous donné....

LE COMTE.

Pourquoi donc m'en défendre ?
Je puis en recevoir, Madame, ſans m'y rendre.

LA COMTESSE.

Et l'écrin ?

LE COMTE.

Roſalie, à qui, par amitié,
Sur ce don qu'il vous fait, mon cœur s'eſt confié,
Deſirait que ſon goût en dirigeât l'emplette :
Il doit ce ſoir, Madame, orner votre toilette,
Et vous l'embellirez.

LA COMTESSE *à part, mais point bas.*

Quoi ! dans lemême inſtant
Où je ne crois en lui trouver qu'un inconſtant,
Où j'en reçois la preuve, il ne peut me déplaire !
Un mot de l'enchanteur déſarme ma colère !

LE COMTE.

Je n'ai d'autre magie, hélas ! que mon amour.

LA COMTESSE.

Qu'elle ſoit donc la mienne : oui, mon cœur ſans détour
S'abandonne au penchant qu'il n'a jamais pu vaincre ;
Vas, j'aime mieux te croire encor que te convaincre ;
Je ſens que j'ai beſoin d'une erreur.

LE COMTE.

Déſormais,
Je veux que mon amour égale vos attraits ;
Je ne vous quitte plus, Madame, & la ſoirée
(*Souriant.*)
Malgré le rendez-vous, vous ſera conſacrée.
(*Il ſe jette aux genoux de la Comteſſe.*)
Oui, je jure à vos pieds.

SCENE XVIII ET DERNIERE.

LES ACTEURS PRÉCÈDENS, ARAMINTE, CIDALISE, LE PRÉSIDENT, LE COMMANDEUR, MELCOUR, TRASIMON, M. PENSIF.

ARAMINTE.

CIEL!

CIDALISE.

Que vois-je?

LE COMMANDEUR.

Comment?

LE PRÉSIDENT.

Est-ce un songe?

TRASIMON.

Veillé-je?

M. PENSIF.

Ah! Dieux!

MELCOUR, *avec légereté.*

C'est quelque Amant.

LE COMTE *se relevant avec noblesse.*

Vous ne vous trompez pas, c'en est un.

MELCOUR.

Je me vante

D'avoir vu le tableau le plus gai.

LE COMTE, *bas à Melcour.*

L'indolente.

C'était donc la Comteſſe ?

MELCOUR, *riant.*

Oui, ſans doute.

LE COMTE, *d'un ton ſérieux.*

Melcour,

Nous cauſerons tous deux ſur un ſi charmant tour.

LA COMTESSE.

Je renais au bonheur :

MELCOUR.

Il eſt fou le cher Comte.

M. PENSIF.

Je crois que ſur ceci je puis broder un conte.

MELCOUR, *avec gaîté, & en s'approchant de l'oreille du Comte.*

Je te l'avais bien dit que je le montrerais....

LE COMTE.

Mais tu ne ſavais pas que tu me ſervirais.

MELCOUR, *malignement au Comte.*

A Roſalie enfin que veux-tu qu'on annonce ?

LE COMTE, *montrant la Comteſſe.*

Madame a lu la Lettre, elle aura la réponſe.

(*La toile ſe baiſſe.*)

FIN.

APPROBATION.

J'AI lu, par ordre de Monsieur le Lieutenant-Général de Police, *Le Rendez-Vous du Mari, ou le Mari à la mode, Comédie en un Acte* ; & je n'y ai rien trouvé qui m'ait paru devoir en empêcher la représentation ni l'impression. A Paris, le 2 Septembre 1781. SUARD.

Vu l'Approbation, permis de représenter & imprimer. A Paris, ce 20 Novembre 1781.

LE NOIR.

De l'Imprimerie de CAILLEAU, rue Saint-Severin 1782.

www.ingramcontent.com/pod-product-compliance
Lightning Source LLC
LaVergne TN
LVHW050500160826
845677LV00003B/848